Konfi 3

Mein Begleit-Heft

Konfi 3 – ich bin dabei

- Ich heiße: _____

- Meine Gruppe wird begleitet von: _____

- Wir nennen unsere Gruppe: _____

Unsere Kirche:

Wir fangen an: Gott ist bei uns

Licht macht es hell um uns.
Licht macht es hell in uns.
Licht wärmt uns.
Licht breitet sich aus.
Jesus sagt: „Ich bin das Licht der Welt."
Gottes Liebe ist mitten unter uns.

Gott hat alle Kinder lieb

Text und Musik: Margret Birkenfeld. © 1975 Gerth Medien Musikverlag, Asslar

Taufe – du bist ein Kind Gottes

Geborgen ist mein Leben in Gott. Er hält mich in seinen Händen.
    Manchmal habe ich große Angst.
    Ich bin ganz allein.
    Wer ist da, der mich tröstet?
        Manchmal bin ich sehr traurig.
        Oft weiß ich nicht einmal, warum.
        Wer ist da, der mich in den Arm nimmt?

Geborgen ist mein Leben in Gott. Er hält mich in seinen Händen.
    Manchmal habe ich das Gefühl,
    dass niemand mich leiden mag.
    Oft mag ich mich selbst nicht.
    Wer ist da, der mich verstehen kann?
        Manchmal bin ich feig.
        Ich schweige, wenn ich reden sollte.
        Ich rede, auch wenn ich schweigen sollte.
        Mir fehlt der Mut, das Rechte zu tun.
        Wer ist da, der mir hilft?

Geborgen ist mein Leben in Gott. Er hält mich in seinen Händen.
    Manchmal habe ich Angst vor dem Sterben.
    Ich weiß nicht, wie das ist.
    Wer ist da, der mich in meiner Angst begleitet?

Gott ist für mich da. Er hat mich lieb.

_{Nach Psalm 31}

Das wünsch ich sehr

Das wünsch ich sehr, dass
im-mer ei-ner bei mir wär,
der lacht und spricht: Fürch-te dich nicht!

Text: Reinhard Bäcker. Musik: Detlev Jöcker.
Aus: Das Liederbuch zum Umhängen 1.
© Menschenkinder Verlag und
Vertrieb GmbH,
Münster

Jesus hat aufgefordert,
Menschen zu taufen,
und dabei versprochen:
Ich bin bei euch alle Tage
bis an das Ende der Welt.

Matthäus 28,20

Gott schenkt Wasser zum Leben

2. Brunnen fließen und die Quellen springen,
Bäume wachsen, Felder Früchte bringen.
Refrain: Ja, Gott schenkt uns Wasser …

3. Auf den Feldern wirken Tau und Regen
und die Sonne unsern Erntesegen.
Refrain: Ja, Gott schenkt uns Wasser …

4. Flüsse, Seen gilt es auch zu pflegen,
reines, gutes Wasser ist ein Segen.
Refrain: Ja, Gott schenkt uns Wasser …

5. Mit der **Taufe** schenkt mir Gott ein Zeichen:
Seine Liebe will mich stets erreichen.
Refrain: Taufe heißt für mich: Ich
bin angenommen, kann mit allem
immer zu Gott kommen.

6. Denn das Wasser, das ich brauch zum Leben,
zeigt mir heute: Gott will mir vergeben.
Refrain: Taufe heißt für mich: Ich
bin angenommen, kann mit allem
immer zu Gott kommen.

7. Hab ich Zweifel oder große Sorgen, bin ich
doch bei meinem Gott geborgen.
Refrain: Taufe heißt für mich: Ich
bin angenommen, kann mit allem
immer zu Gott kommen.

Auch zum Taufen nehmen wir Wasser. Gottes Liebe ist für uns so wichtig wie das Wasser zum Leben.

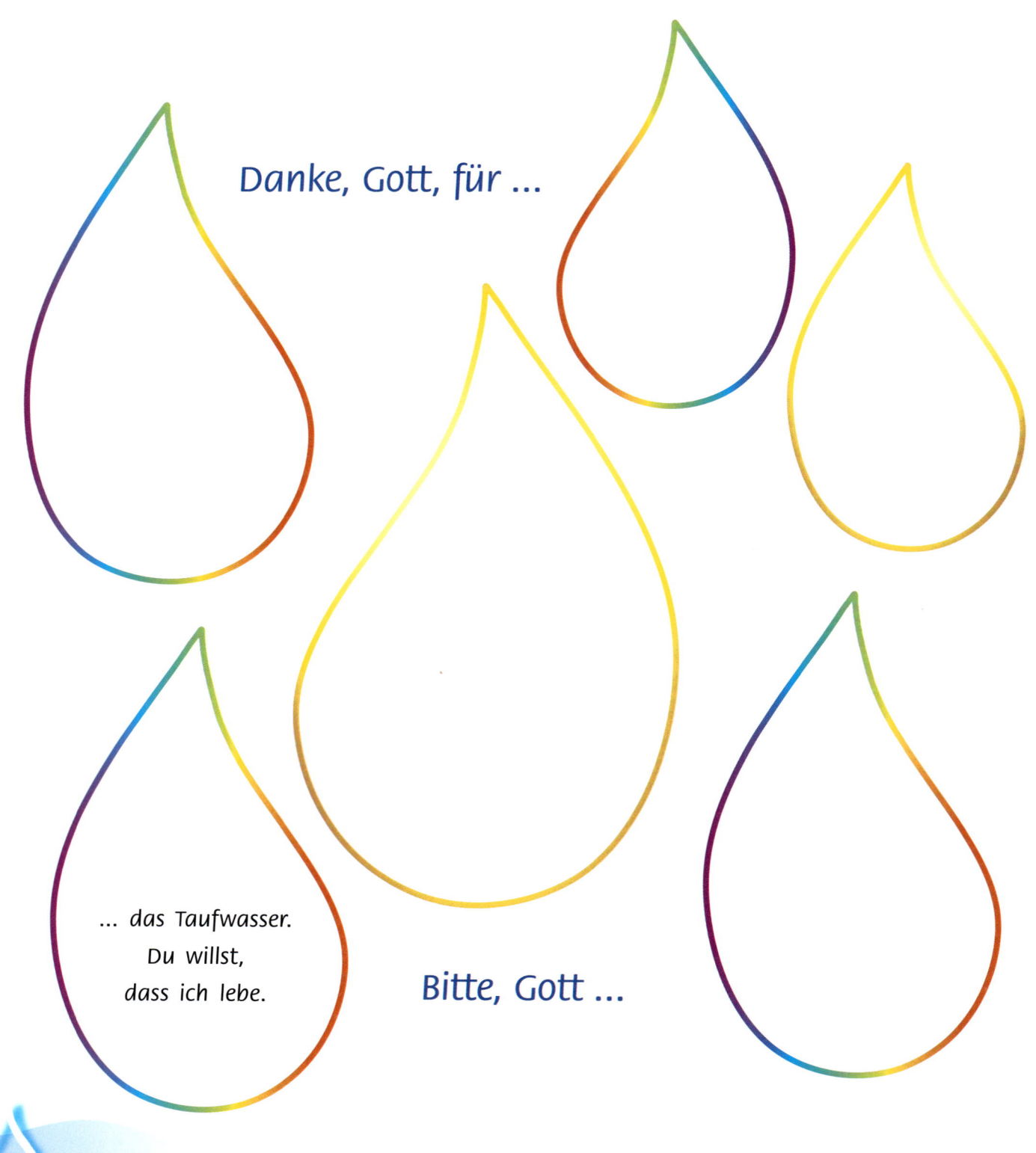

Danke, Gott, für ...

... das Taufwasser. Du willst, dass ich lebe.

Bitte, Gott ...

Guter Gott,
wir Menschen brauchen deine Liebe.
Deine Liebe ströme wie Wasser in uns.

Wir Menschen brauchen deine Hilfe.
Deine Hilfe ströme wie Wasser in uns.

Wir Menschen brauchen deine Kraft.
Deine Kraft ströme wie Wasser in uns.

Wir Menschen brauchen deinen guten Geist.
Dein Geist ströme wie Wasser in uns.
Amen.

„Ich habe einen Namen"

- Ich habe einen Namen: _____

- Mein Name bedeutet: _____

- Es gibt ihn auch in anderen Sprachen: _____
_____

Gott kennt jeden und jede von uns.
In der Taufe ruft er uns bei unserem Namen.
Unser Name wird mit dem Namen
des dreieinigen Gottes gemeinsam genannt.

Gott sagt: Du, _____,
bist mein Kind.
„Ich habe dich, _____,
bei deinem Namen gerufen.
Du gehörst zu mir.
Du bist wertvoll in meinen Augen.
Ich habe dich lieb."

Aus Jesaja 43

> „Gott, ich danke dir,
> dass du mich
> so wunderbar
> gemacht hast."
>
> *Psalm 139*

Wir sind Wunderkinder

Wir sind Wun-der-kin-der, ja, wir sind ein-ma-lig, ein-fach ge-ni-al und phä-no-me-na-lig. 1. Oh-ne uns herrscht Lan-ge-wei-le, oh-ne uns wär's viel zu lei-se. Mit uns gibt es A-ben-teu-er, kommt mit auf Ent-de-ckungs-rei-se!

Text und Musik: Uwe Lal. © Musik: ABAKUS Musik Barbara Fietz, 35753 Greifenstein

Refrain: Wir sind Wunderkinder ...

2. Glaubt nur nicht, wir könnten wenig, weil wir noch nicht größer sind.
   Trau mir etwas zu, dann siehst du – vor dir steht ein Wunderkind.
   Refrain: Wir sind Wunderkinder ...

3. Sicher können wir nicht alles, doch wir können ganz schön viel.
   Fantasie und große Neugier bringen uns zu unserm Ziel.
   Refrain: Wir sind Wunderkinder ...

4. Danke, Gott, du guter Vater, hast die Welt so toll gemacht,
   doch das größte Wunder bleibt, du hast uns Kinder ausgedacht.
   Refrain: Wir sind Wunderkinder ...

Ich trage einen Namen

1. Ich trage einen Namen, bei dem der Herr mich nennt.
Du rufst mich in der Taufe, damit auch ihr mich kennt.
Du rufst mich in der Taufe, damit auch ihr mich kennt.

Text: Rolf Krenzer. Musik: Peter Janssens.
Aus: Ich schenk dir einen Sonnenstrahl, 1985. Alle Rechte im Peter Janssens Musik Verlag, Telgte-Westfalen

2. In christlicher Gemeinde
mich aufnehmt, wie ich bin,
weil Gott mich angenommen.
Gott ruft mich selbst hierhin.

3. So ist es durch die Taufe
mit dir und mir gescheh'n:
Ich darf mit Christus leben
und mit ihm aufersteh'n.

4. Und weil dich meine Schwäche
nicht stört und du mich liebst,
nehm ich auch meinen Nächsten
so an, wie du ihn gibst.

5. So trag ich meinen Namen,
bei dem du, Herr, mich nennst,
und weiß, dass du mich immer
mit meinem Namen kennst.

DU

GEHÖRST

DAZU

Meiner Taufe auf der Spur

Wann wurdest du getauft? Trage das Datum deiner Taufe hier ein.
_____

Wie heißen deine Paten? Lass dir von ihnen erzählen, wie sie deine Taufe erlebt haben.

_____
_____

Wer hat dich getauft?
_____

Wer war bei deiner Taufe noch dabei?

_____
_____

In welcher Kirche wurdest du getauft? Wo steht sie?

_____
_____

Evangelisches Gesangbuch 200. Text: Johann Jakob Rambach

Ein Tauflied, das seit über 250 Jahren gesungen wird.

Wie lautet dein Taufspruch?

Durch die Taufe gehören wir zur Familie Gottes

Das Geheimzeichen der ersten Christen:

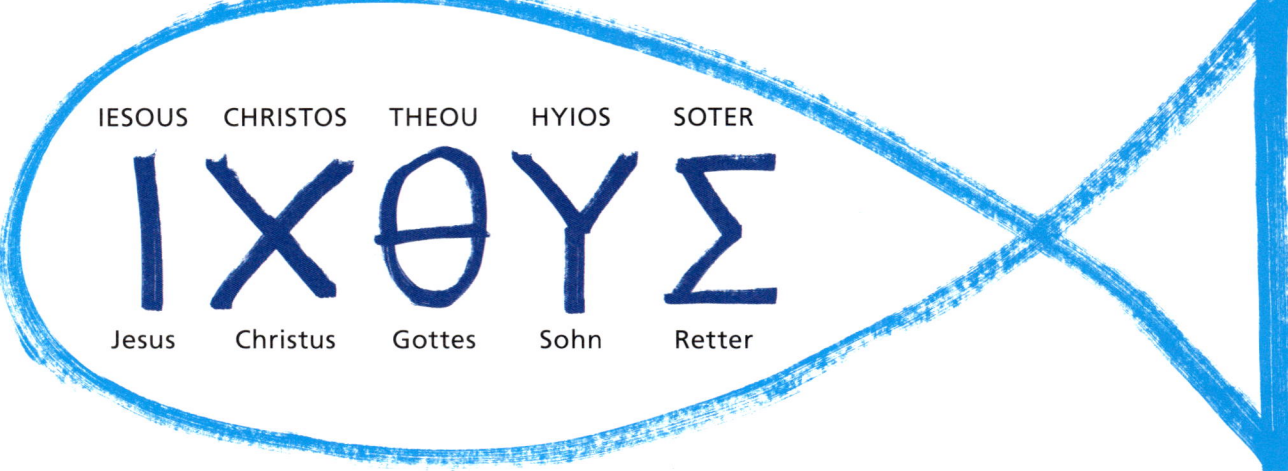

Wer ist Jesus für uns?

F =
I =
S =
C =
H =

Lieber Gott,
es ist schön, Freundinnen und Freunde zu haben.
Es ist schön, nicht allein zu sein.
Hilf uns, dass wir fest zusammenhalten:
Wenn einer von uns traurig ist, wollen wir ihn trösten.
Wenn einer von uns krank ist, wollen wir ihn aufmuntern.
Und wenn einer von uns fröhlich ist, freuen wir uns alle mit!
Amen.

Fülle die Seite mit vielen bunten Unterschriften von Menschen, die zu dir halten.

Licht der Welt

Hast du eine Taufkerze?
Wie sieht sie aus?
Du kannst sie abmalen.

Laudato si / Sei gepriesen

2. Sei gepriesen für Licht und Dunkelheiten.
   Sei gepriesen für Nächte und für Tage!
   Sei gepriesen für Jahre und Gezeiten!
   Sei gepriesen, denn du bist wunderbar, Herr!

3. Sei gepriesen für Wolken, Wind und Regen!
   Sei gepriesen, du lässt die Quellen springen!
   Sei gepriesen, du lässt die Felder reifen!
   Sei gepriesen, denn du bist wunderbar, Herr!

4. Sei gepriesen, denn du, Herr, schufst den Menschen!
   Sei gepriesen, er ist dein Bild der Liebe!
   Sei gepriesen für jedes Volk der Erde!
   Sei gepriesen, denn du bist wunderbar, Herr!

5. Sei gepriesen, du selbst bist Mensch geworden!
   Sei gepriesen für Jesus, unsern Bruder!
   Sei gepriesen, wir tragen seinen Namen!
   Sei gepriesen, denn du bist wunderbar, Herr!

6. Sei gepriesen für ... und für ...,
   sei gepriesen für ..., ..., ...
   Sei gepriesen für ... und für ....!
   Sei gepriesen, denn du bist wunderbar, Herr!
   Bei ... könnt ihr eure Namen einsetzen!

Der Refrain wird nach jeder Strophe wiederholt. Nach der letzten Strophe endet er mit „Amen".

*Evangelisches Gesangbuch 515.
Nach dem Sonnengesang des Franz von Assisi 1225*

Wir sind eingeladen zum Abendmahl

Der Herr ist mein Hirte,
> mir wird nichts mangeln.

Er weidet mich auf einer grünen Aue
> und führet mich zum frischen Wasser.

Er erquicket meine Seele.
> Er führet mich auf rechter Straße um seines Namens willen.

Und ob ich schon wanderte im finstern Tal,
> fürchte ich kein Unglück;
denn du bist bei mir,
> dein Stecken und Stab trösten mich.

Du bereitest vor mir einen Tisch
> im Angesicht meiner Feinde.
Du salbest mein Haupt mit Öl
> und schenkest mir voll ein.

Gutes und Barmherzigkeit werden mir folgen mein Leben lang,
> und ich werde bleiben im Hause des Herrn immerdar.

Psalm 23

Was wir brauchen

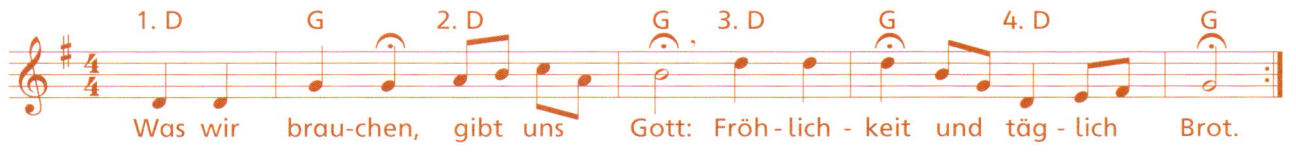

1. D G 2. D G 3. D G 4. D G
Was wir brau-chen, gibt uns Gott: Fröh-lich-keit und täg-lich Brot.

mündlich überliefert

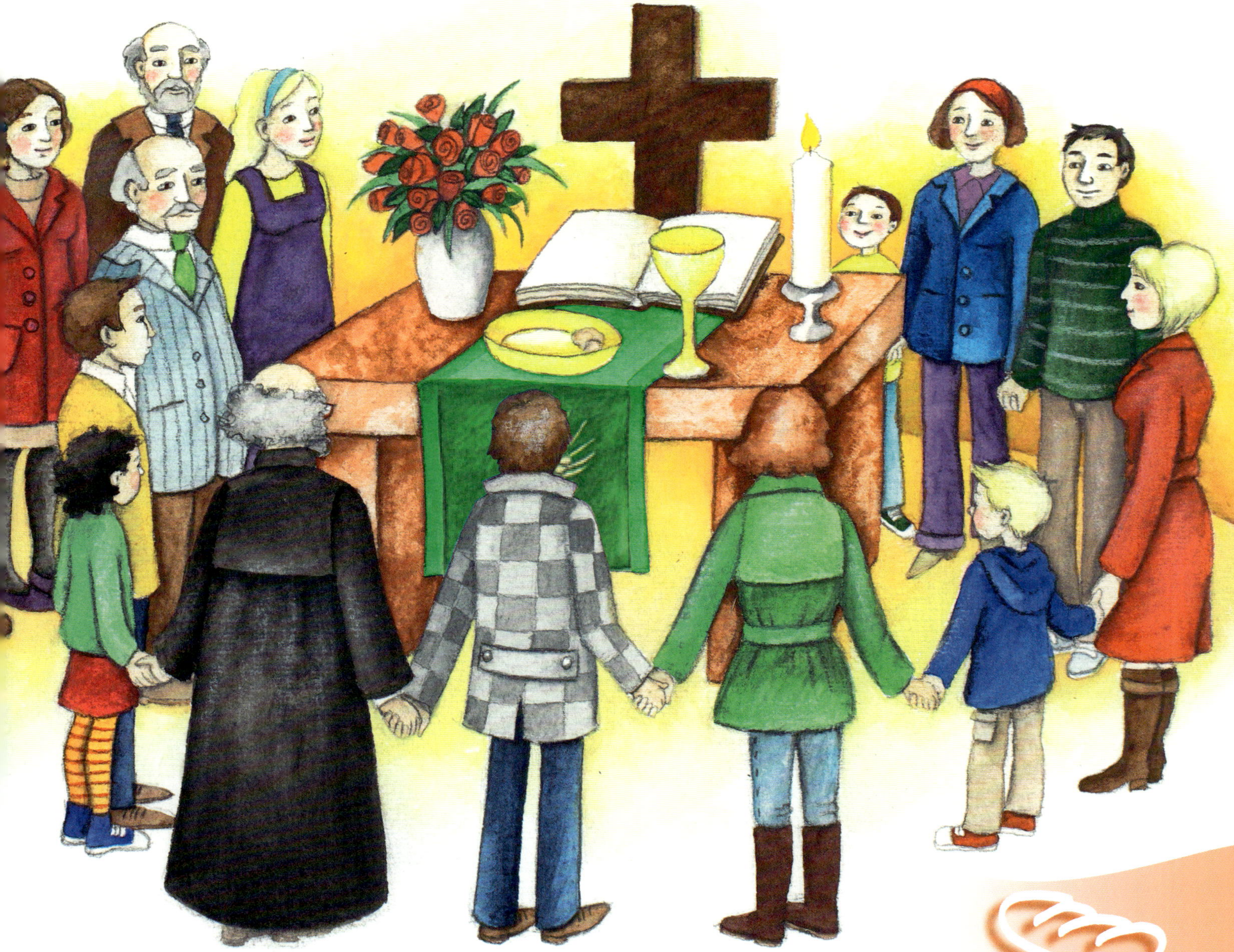

Gott schenkt Brot zum Leben

Zutaten für zwei leckere Fladenbrote:

- 500 g Weizenmehl
- 1 Päckchen Trockenhefe
- Je 1 Teelöffel Salz und Zucker
- 0,1 l Olivenöl
- 0,25 l lauwarmes Wasser
- 2 Esslöffel Sesam, Mohn, Sonnenblumenkerne oder Kümmel
- Für das Backblech: Öl

Zubereitung:

Das Mehl mit der Trockenhefe, dem Salz, dem Zucker und dem Öl vermengen. Nach und nach das Wasser untermischen. Den Teig zuletzt kneten, bis er glänzt und sich vom Schüsselrand löst.

Dann zugedeckt an einem warmen Platz 45 Minuten gehen lassen.
Den Hefeteig auf einer leicht bemehlten Arbeitsfläche kräftig durchkneten, zu zwei Kugeln formen und diese zu 1 cm dicken Fladen ausrollen.

Die Fladen auf das geölte Backblech legen, dann mit Öl bepinseln und mit Sesam, Mohn, Sonnenblumenkernen oder Kümmel bestreuen und mit der Gabel mehrmals einstechen.

Im vorgeheizten Backofen bei 250 Grad 15 bis 20 Minuten backen.

Tischgebet

Der Tisch ist reich gedeckt,
damit es allen schmeckt.
Dankt Gott für seine Gaben
und sorgt dafür, dass alle etwas haben.
Amen.

Du kannst aber auch Gott
mit eigenen Worten danken:

Ich danke dir, _____
_____
_____
_____

Eingeladen zum Fest

Komm, sag es allen weiter

Text: Friedrich Walz. Melodie: Spiritual. © Gustav Bosse Verlag, Kassel

Refrain: Komm, sag es allen weiter …

2. Wir haben sein Versprechen:
   Er nimmt sich für uns Zeit,
   wird selbst das Brot uns brechen,
   kommt, alles ist bereit.

Refrain: Komm, sag es allen weiter …

3. Zu jedem will er kommen,
   der Herr, in Brot und Wein.
   Und wer ihn aufgenommen,
   wird selber Bote sein.

Lieber Gott,
du lädst uns zusammen an einen Tisch ein.
Wir dürfen kommen, so wie wir sind:
traurig oder fröhlich,
nachdenklich oder lustig,
mutig oder ängstlich.
Zu dir dürfen alle kommen:
(jemand nennen oder an einen Menschen denken)

Du möchtest uns alle, so wie wir sind.
Du schenkst uns Brot und Saft.
Du möchtest, dass wir bei dir satt werden.
Amen.

Wie ist Versöhnung?

Du sorgst dich um uns Menschen,
um alle, groß und klein.
Du willst an allen Tagen,
Gott, wie ein Vater sein.
Geh ich auf falschen Wegen
und laufe dir davon,
gibst du mich nicht verloren,
du wartest immer schon;
nimmst mich in deine Arme,
wie es ein Vater tut.
Du tröstest und vergibst mir,
machst allen Schaden gut.
Amen.

Wie ein Fest nach langer Trauer

Text: Jürgen Werth. Melodie: Johannes Nitsch. © 1988 SCM Hänssler, 71088 Holzgerlingen

2. Wie ein Regen in der Wüste,
frischer Tau auf dürrem Land,
Heimatklänge für Vermisste,
alte Feinde Hand in Hand.
Wie ein Schlüssel im Gefängnis,
wie in Seenot »Land in Sicht«,
wie ein Weg aus der Bedrängnis,
wie ein strahlendes Gesicht.

Refrain: So ist Versöhnung …

3. Wie ein Wort von toten Lippen,
wie ein Blick, der Hoffnung weckt,
wie ein Licht auf steilen Klippen,
wie ein Erdteil, neu entdeckt.
Wie der Frühling, wie der Morgen,
wie ein Lied, wie ein Gedicht,
wie das Leben, wie die Liebe,
wie Gott selbst, das wahre Licht.

Refrain: So ist Versöhnung …

So ist Versöhnung

Wie kann Frieden werden?

Guter Gott,
gib uns den Mut, uns zu versöhnen,
wenn wir uns gestritten haben.

Gib uns den Mut, Frieden zu stiften,
wenn andere sich streiten.

Gib uns den Mut, um den Frieden
in unseren Familien, in der Schule und
in der Welt zu beten.

Gib uns den Mut, daran zu glauben,
dass du Frieden schaffen kannst,
wo Hass und Unversöhnlichkeit trennen.

Dazu schenke uns deinen Segen.
Amen.

Das letzte Abendmahl

Vier Tage lang gingen Jesus und seine Freunde in Jerusalem aus und ein. Nachts schliefen sie in einem Garten am Ölberg. Morgens gingen sie in die Stadt und in den Tempel. Dort redete Jesus mit den Festgästen, mit den Priestern und mit den Schriftgelehrten. Aber er wusste, dass zu viele dabei waren, die ihn hassten. Die führenden Männer im Tempel warteten nur auf eine Gelegenheit, ihn zu verhaften und vor Gericht zu stellen. Denn sie sagten:
„Wer von sich behauptet, er komme von Gott, ist ein Lügner und ein Verbrecher."

Nach fünf Tagen lud Jesus seine Freunde zu einem Abendessen ein.
Jesus legte sich auf ein Polster, und die Jünger suchten sich jeder einen Platz, möglichst nahe bei Jesus. Die Öllampen verbreiteten ein warmes Licht durch den Raum. „Das ist nun der letzte Abend, den ich auf der Erde lebe. Aber dieses letzte Fest möchte ich gerne mit euch allen, meinen Freunden, feiern."
Und Jesus nahm eines der flachen Brote, die auf dem Tisch lagen, und sprach das Gebet, das der Hausherr zu sprechen pflegte:
„Gepriesen seist du, Gott, der du das Brot aus der Erde hervorbringst."
Und er brach das Brot in Stücke und sagte: „Das bin ich. Wie dieses Brot gebrochen wird, so werde ich gebrochen, damit ihr das Leben habt."
Er teilte die Stücke aus, und sie aßen alle davon.
Und er sah sie reihum an und sagte: „Wenn ihr ein Weizenkorn lebendig machen wollt, dann müsst ihr es in die Erde legen. Dort geht es zugrunde, aber es wächst ein neuer Halm aus ihm, und aus dem Halm eine Ähre.
In der Ähre sind viele neue Weizenkörner. So ist es auch, wenn ich sterbe.
Ich werde bald sterben. Aber in drei Tagen werdet ihr sehen, dass ich lebe.
Und ihr alle werdet auch leben."

Und er nahm den Kelch mit Wein und sagte: „Das bin ich. Wie dieser Wein getrunken wird, so sterbe ich. Und wie ihr alle von diesem einen Kelch trinkt,

so werdet ihr danach für immer zusammengehören als Kinder Gottes. Wenn ihr wollt, dass aus einer Traube Wein wird, dann müsst ihr sie auspressen. Erst, wenn die Trauben ausgepresst sind, kann aus ihrem Saft Wein werden. Wenn sie zugrunde gehen, entsteht etwas Neues und Lebendiges aus ihnen: Wein. Wenn ihr später miteinander Brot esst und Wein trinkt, dann denkt an mich und liebt einander, wie ich euch liebe. Daran, dass ihr einander liebt, werden die Menschen merken, dass ihr zu mir gehört."
Nach dem Mahl, als es schon spät war, sangen sie miteinander:

> „Danket dem Herrn,
> denn er ist freundlich
> und seine Güte währet ewiglich.
> Der Herr hilft mir.
> Was können mir Menschen tun?
> Ich werde nicht sterben,
> sondern leben.
> Danket dem Herrn, denn er ist freundlich
> und seine Güte währet ewiglich."

Bei jeder Abendmahlsfeier wird daran erinnert:

Der Herr Jesus in der Nacht,
da er verraten ward
und mit seinen Jüngern zu Tische saß,
nahm das Brot,
sagte Dank und brach's,
gab's seinen Jüngern und sprach:
Nehmet hin und esset,
das ist mein Leib, der für euch gegeben wird.
Das tut zu meinem Gedächtnis.
Desgleichen nach dem Mahl nahm er den Kelch,
sagte Dank, gab ihnen den und sprach:
Trinket alle daraus; das ist mein Blut des Neuen Bundes,
das für euch und für viele vergossen wird
zur Vergebung der Sünden.
Das tut zu meinem Gedächtnis.

Bei Jesus sind wir heut zu Gast

Text: Ulrich Walter. Musik: Reinhard Horn. Aus: Mit dem Friedenskreuz durch das Kirchenjahr.
© KONTAKTE Musikverlag, 59557 Lippstadt

2. Bei Jesus sind wir heut zu Gast,
weil er uns eingeladen hat.
An seinen Tisch lädt er uns ein,
der Streit soll nun beendet sein.

Refrain: Wir teilen Brot, Halleluja,
und spüren, Christus ist uns nah!

3. Bei Jesus sind wir heut zu Gast,
weil er uns eingeladen hat.
Wir wollen neue Wege gehen
und Gottes Frieden wachsen sehn.

Refrain: Wir teilen Brot, Halleluja,
und spüren, Christus ist uns nah!

4. Bei Jesus sind wir heut zu Gast,
weil er uns eingeladen hat.
Er sagt: Ich lass euch nicht allein,
ich werde immer bei euch sein!

Refrain: Wir teilen Brot, Halleluja,
und spüren, Christus ist uns nah!

Wir feiern Abendmahl

am _____

um _____

Ich gehöre zur Kirche

Immer von Gott begleitet

*Gott behütet mich.
Er behütet mich auf allen Wegen,
heute und immer.*

Ich schaue hin, ich schaue her und frage:
„Will mir denn keiner helfen?"
    Dann fällt mir ein, dass Gott bei mir ist,
    Gott, der Himmel und Erde gemacht hat.

*Gott behütet mich.
Er behütet mich auf allen Wegen,
heute und immer.*

Gott schläft nicht.
Er führt meine Füße bei jedem Schritt.
    Er ist bei mir wie mein Schatten
    und leitet meine Hand.
    Tag und Nacht steht er mir zur Seite.

*Gott behütet mich.
Er behütet mich auf allen Wegen,
heute und immer.*

Nach Psalm 121

Lasst uns miteinander

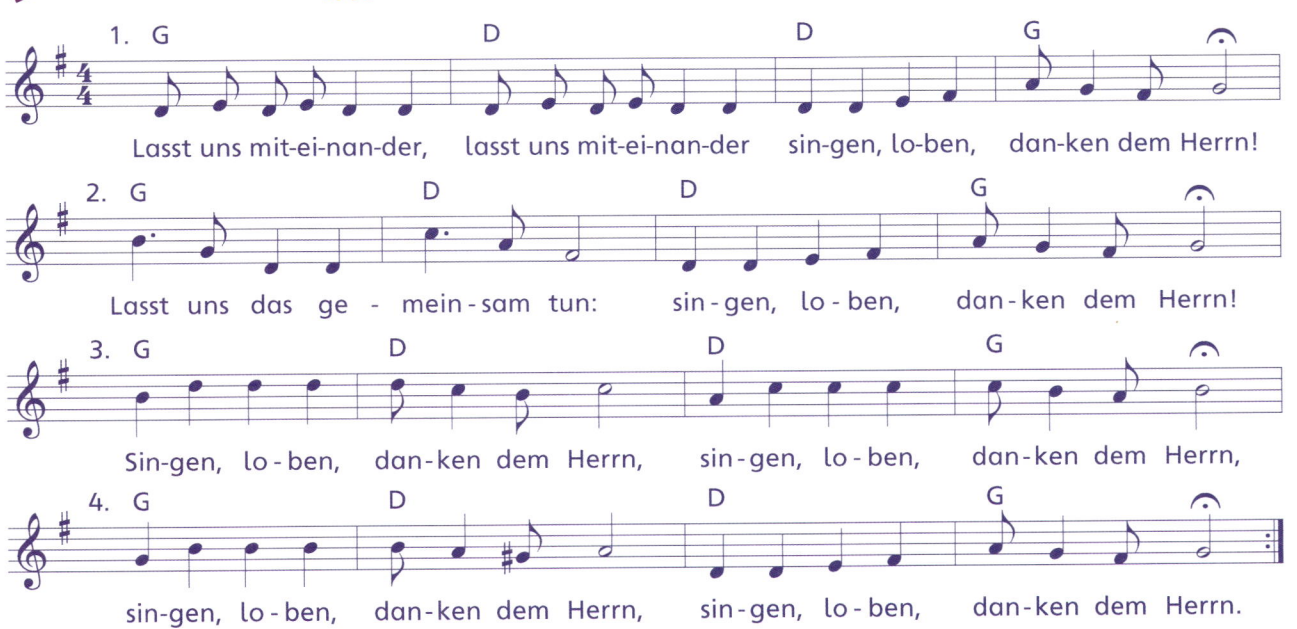

1. G D D G
Lasst uns mit-ei-nan-der, lasst uns mit-ei-nan-der sin-gen, lo-ben, dan-ken dem Herrn!
2. G D D G
Lasst uns das ge - mein-sam tun: sin-gen, lo-ben, dan-ken dem Herrn!
3. G D D G
Sin-gen, lo-ben, dan-ken dem Herrn, sin-gen, lo-ben, dan-ken dem Herrn,
4. G D D G
sin-gen, lo-ben, dan-ken dem Herrn, sin-gen, lo-ben, dan-ken dem Herrn.

Text und Melodie: Peter van Woerden

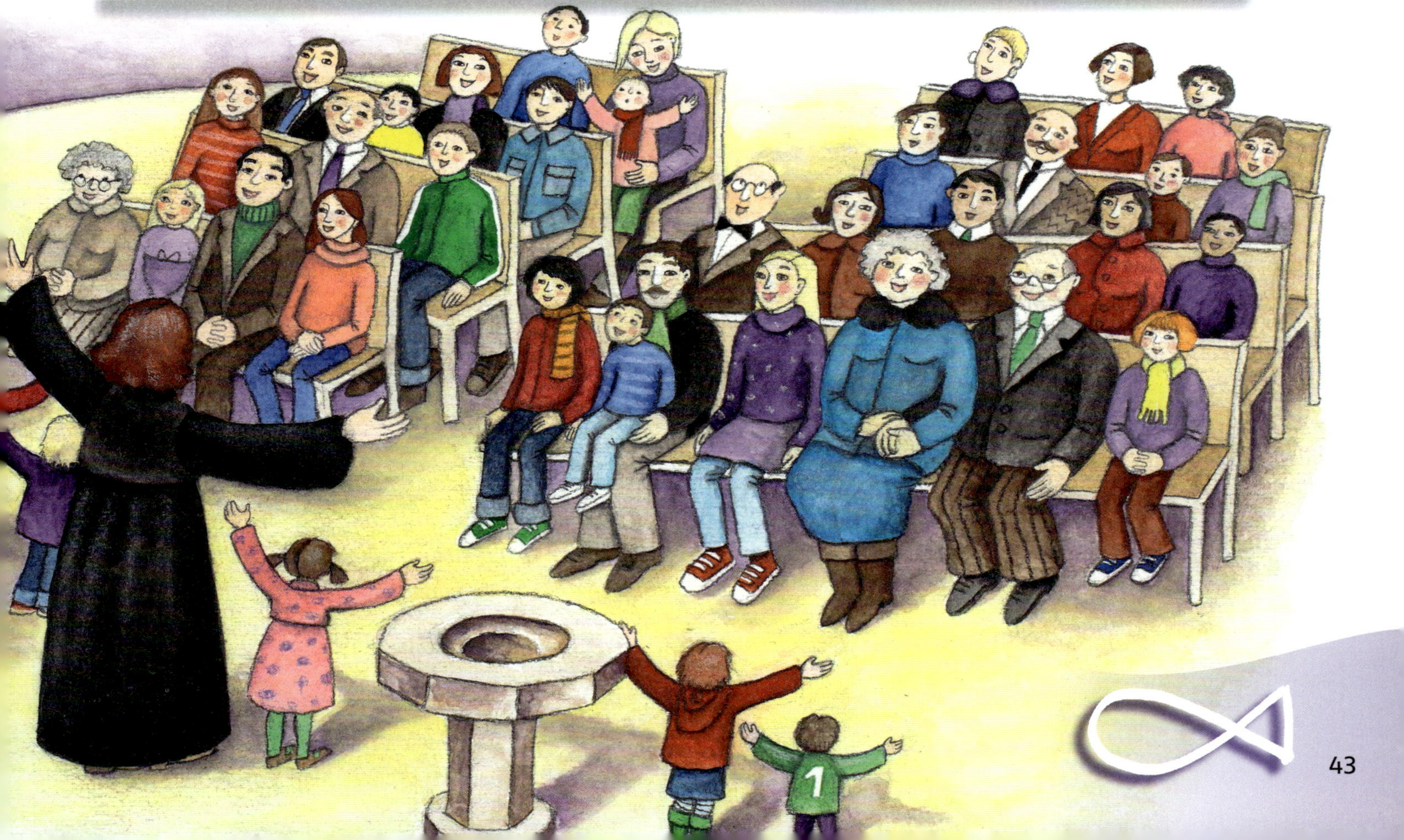

Wir beten

So, wie wir sind, kom-men wir zu dir,
so, wie wir sind, kom-men wir zu dir.

Eine/r: Gott, du kennst mich mit Namen,
du rufst mich.
Eingetaucht bin ich in deine Liebe.

Alle: So, wie wir sind, kommen wir zu dir.

Eine/r: Jesus Christus, du bist bei mir alle Tage.
Deinen Namen trage ich seit meiner Taufe.
Nach deinen Worten will ich leben.

Alle: So, wie wir sind, kommen wir zu dir.

Eine/r: Heiliger Geist, du bist das Licht auf meinem Weg.
Du stiftest Frieden und verbindest uns zu deiner Gemeinde.
Gott ich danke dir.

Alle: So, wie wir sind, kommen wir zu dir.

Das Vaterunser

> Vater unser im Himmel.
> Geheiligt werde dein Name.
> Dein Reich komme.
> Dein Wille geschehe,
> wie im Himmel, so auf Erden.
> Unser tägliches Brot gib uns heute.
> Und vergib uns unsere Schuld,
> wie auch wir vergeben unseren Schuldigern.
> Und führe uns nicht in Versuchung,
> sondern erlöse uns von dem Bösen.
> Denn dein ist das Reich
> und die Kraft
> und die Herrlichkeit in Ewigkeit.
> Amen.

Betet, und ihr sollt es nicht vergeblich tun

1. Be-tet, und ihr sollt es nicht ver-geb-lich tun. Su-chet, und ihr wer-det fin-den. Hal-le-lu-ja, Hal-le-lu-ja.

Klopft an, und euch wird die Tü-re auf-ge-tan. Hal-le-lu-ja, Hal-le-lu-ja.

Originaltitel: Seek Ye First. Text und Musik: Karen Lafferty. Dt. Text: Unbekannt. © Maranatha Music. Admin. D, A, CH, Small Stone Media Germany GmbH

Das Kirchenjahr – ein bunter Kreis

Seht, die gute Zeit ist nah

Text und Musik: Friedrich Walz. Aus: Ders. (Hg.): Die ganze Welt hat sich gefreut. Erlanger Verlag für Mission und Ökumene, Neuendettelsau, 3. Aufl. 1996, Nr. 3. Strophe 3 und 4: Kristina Schnürle

2. Hirt und König, Groß und Klein,
   Kranke und Gesunde,
   Arme, Reiche lädt er ein,
   freut euch auf die Stunde,
   freut euch auf die Stunde.

3. Seht, die schwere Zeit ist da,
   Gott geht in das Leiden;
   stirbt und ist den Armen nah,
   nichts kann von Gott scheiden,
   nichts kann von Gott scheiden.

4. Seht, die frohe Zeit ist da,
   Gott bleibt nicht im Grabe;
   Leben siegt, Halleluja,
   dass ich Hoffnung habe,
   dass ich Hoffnung habe.

Advent – wir warten auf Weihnachten

*Komm, Herr, wir brauchen dich auf der dunklen Erde,
dass die Welt von deinem Licht immer heller werde.*

Wir freuen uns, Herr, dass du zu uns kommst,
als Kind in der Krippe,
als Freund der Kinder,
als Tröster der Betrübten.

*Komm, Herr, wir brauchen dich auf der dunklen Erde,
dass die Welt von deinem Licht immer heller werde.*

    Komm zu allen, die Angst haben,
    zu denen, die krank sind,
    zu allen, die traurig sind.

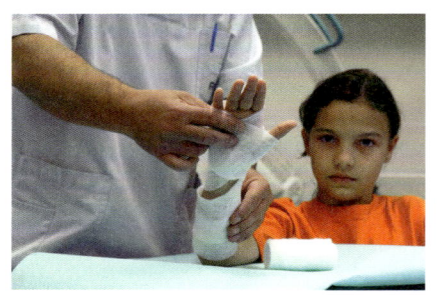

*Komm, Herr, wir brauchen dich auf der dunklen Erde,
dass die Welt von deinem Licht immer heller werde.*

Komm zu allen, die einsam sind,
zu allen, die unter Krieg leiden
und sich Frieden wünschen.

*Komm, Herr, wir brauchen dich auf der dunklen Erde,
dass die Welt von deinem Licht immer heller werde.*

Simeon und Hanna warten auf _____

> Komm, o mein Heiland Jesu Christ, meins Herzens Tür dir offen ist.
> Ach zieh mit deiner Gnade ein; dein Freundlichkeit auch uns erschein.
> Dein heilger Geist uns führ und leit den Weg zur ewgen Seligkeit.
> Dem Namen dein, o Herr, sei ewig Preis und Ehr.
>
> Georg Weissel, Evangelisches Gesangsbuch 1

Wir tragen das Licht weiter

1. Tragt in die Welt nun ein Licht,
sagt allen: Fürchtet euch nicht!
Gott hat euch lieb, Groß und Klein!
Seht auf des Lichtes Schein!

Text und Melodie: Wolfgang Longardt
© Verlag Ernst Kaufmann, Lahr

Weitere Strophen:

Tragt zu den Kranken ...
 ... zu den Kindern ...
 ... zu den Armen ...
 ... zu den Blinden
   ein Licht

Wir tragen ein Licht zu

_____

Herzliche Einladung
zum Weihnachtsgottesdienst
an Heiligabend

um _____

Gott,
du hast dein Lebenslicht
allen Menschen geschenkt.
Auch mit dem Licht des Glaubens
willst du unser Leben hell machen.
Wir bitten dich:
Öffne unsere Augen und Herzen,
damit wir erkennen,
wie gut du es mit uns meinst.
Mach uns selbst zum Licht
für andere Menschen,
dort, wo es kalt und dunkel ist.
Amen.

Du kannst etwas Kleines basteln und jemand eine Freude machen, z.B.:

Ostern: Jesus ist auferstanden

Oster-Mutmachlied

Text: Ulrich Walter. Musik: Reinhard Horn. Aus: Mit dem Friedenskreuz durch das Kirchenjahr. © KONTAKTE Musikverlag, 59557 Lippstadt

2. Weil Jesus der „Gott-mit-uns" ist,
   auch in der Dunkelheit,
   wird er uns neue Wege führn,
   aus Traurigkeit und Leid.

3. Weil Jesus Gottes Liebe lebt
   mit aller Leidenschaft,
   ist er für uns ein Hoffnungslicht
   und Quelle neuer Kraft.

Gegen unsere Angst vor dem Versagen
hast du den Stein schon weggerollt.

Gegen unser mangelndes Selbstvertrauen
hast du den Stein schon weggerollt.

Gegen unsre Sorge, dass uns im Leben etwas entgeht,
hast du den Stein schon weggerollt.

Gegen unsre Trauer und Hoffnungslosigkeit
hast du den Stein schon weggerollt.

Gegen unsre Angst vor dem Tod
hast du den Stein schon weggerollt.

Deshalb wollen wir rufen: Halleluja!
Amen! Halleluja!
Alle: Halleluja! Amen! Halleluja!

Osterbekenntnis

Wir glauben an Gott.
> Er hat alles, was ist, geschaffen.
> Er führte die, die unfrei waren, in die Freiheit.
> Er schenkt uns seine Liebe.

Wir glauben an Jesus Christus,
Sohn Gottes, unseren Bruder und Erlöser.
> Er gab denen, die Hunger hatten, zu essen.
> Er gibt denen, die im Dunkel leben, das Licht.
> Er nahm die Kinder auf seinen Schoß und segnete sie.

Wir glauben an den Heiligen Geist, die Kraft Gottes.
> Er gibt denen, die verzweifelt sind, neuen Mut.
> Er tröstet die Traurigen.
> Er schenkt Hoffnung zum Leben.

Amen.

1. Ge-lobt sei Gott im höchs-ten Thron, samt sei-nem ein-ge-bor-nen Sohn, der für uns hat ge-nug ge-tan. Hal-le-lu-ja, Hal-le-lu-ja, Hal-le-lu-ja.

Text: Michael Weiße 1531. Evangelisches Gesangbuch 103

2. Des Morgens früh am dritten Tag,
   da noch der Stein am Grabe lag,
   erstand er frei ohn alle Klag.
   Halleluja, Halleluja, Halleluja.

3. Der Engel sprach: „Nun fürcht' euch nicht;
   denn ich weiß wohl, was euch gebricht.
   Ihr sucht Jesus, den find't ihr nicht."
   Halleluja, Halleluja, Halleluja.

4. „Er ist erstanden von dem Tod,
   hat überwunden alle Not;
   kommt, seht, wo er gelegen hat."
   Halleluja, Halleluja, Halleluja.

5. Nun bitten wir dich, Jesu Christ,
   weil du vom Tod erstanden bist,
   verleihe, was uns selig ist.
   Halleluja, Halleluja, Halleluja.

6. O mache unser Herz bereit,
   damit von Sünden wir befreit
   dir mögen singen allezeit:
   Halleluja, Halleluja, Halleluja.

Kirche – ein Haus aus lebendigen Steinen

Text und Musik: Bernd Schlaudt

Guter Gott,
ein Stein ist kein Haus.
Viele Steine bilden ein Haus.
Ein Mensch allein ist einsam,
aber viele können etwas gemeinsam tun.
Ja, wir brauchen einander.
Und du, Gott, du brauchst uns.
Jede und jeder von uns ist dir wichtig.
Das ist gut zu wissen.
Das wollen wir nicht vergessen.
Amen.

Du bist herzlich eingeladen

Text nach: Bodo und Christiane Hoppe.
Musik: aus Schottland.

2. Gespielt, gesungen haben wir bei unserm Konfi 3.
   Es hat uns sehr viel Spaß gemacht. Wir waren gern dabei.
   Refrain: Ein jeder geht mit neuem Mut …

3. Uns wurde aus der Bibel klar, wie sehr Gott jeden liebt,
   und dass er uns zur Seite steht und seinen Segen gibt.
   Refrain: Ein jeder geht mit neuem Mut …

4. Wir danken unserm guten Gott, dass er uns Freude schenkt,
   und dass er unsre Schritte selbst auf gute Wege lenkt.
   Refrain: Ein jeder geht mit neuem Mut …

Gesegnet gehen wir nach Haus

1. Gott, dein guter Segen ist wie ein großes Zelt, hoch und weit, fest gespannt, über unsre Welt. Guter Gott, ich bitte dich: Schütze und bewahre mich. Lass mich unter deinem Segen leben und ihn weitergeben. Bleibe bei uns allezeit, segne uns, segne uns, denn der Weg ist weit, segne uns, segne uns, denn der Weg ist weit.

Text: Reinhard Bäcker. Musik: Detlev Jöcker. Aus: Das Liederbuch zum Umhängen 1.
© Menschenkinder Verlag und Vertrieb GmbH, Münster

2. Gott, dein guter Segen ist wie ein helles Licht,
   leuchtet weit allezeit in der Finsternis.
   Guter Gott, ich bitte dich: Leuchte und erhelle mich.
   Lass mich unter deinem Segen …

3. Gott, dein guter Segen ist wie des Freundes Hand,
   die mich hält, die mich führt in ein weites Land.
   Guter Gott, ich bitte dich: Führe und begleite mich.
   Lass mich unter deinem Segen …

Gott behüte dich.

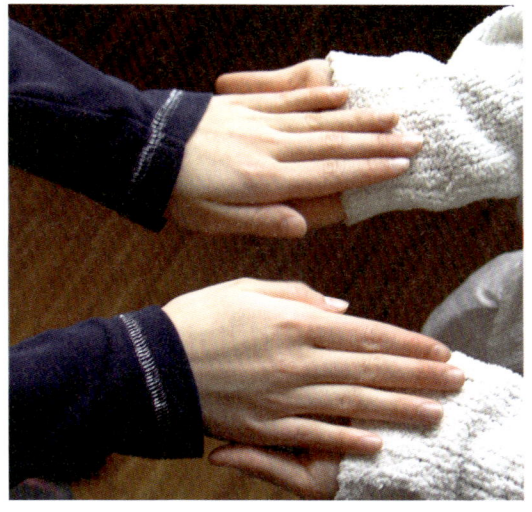

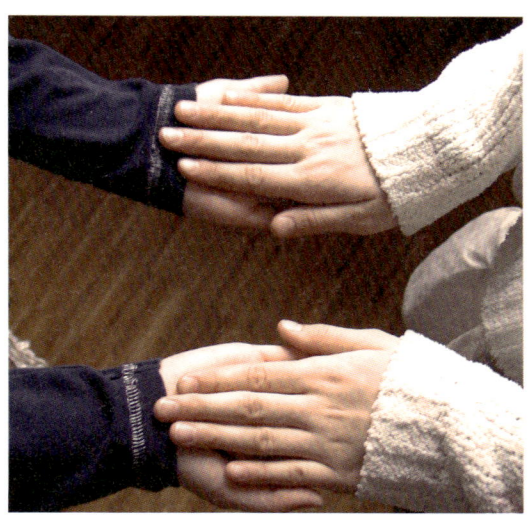

Sein Segen begleite dich.

Und Gott segne dich

Und Gott seg-ne dich, E - va! Und Gott seg-ne dich, Mar - tin!
Und Gott seg-ne dich, Mo - ni - ka! Nehmt den Se - gen mit hi - naus.

Melodie: Kumbayah, my lord

Setzt eure eigenen Namen ein!

Herausgegeben vom
Pädagogisch-Theologischen Zentrum
der Evangelischen Landeskirche
in Württemberg, Stuttgart-Birkach

Erarbeitet von
Susanne Jasch und Kristina Schnürle

Gedruckt mit freundlicher Unterstützung
der Calwer Verlag-Stiftung